Date :   /   /

Date :   /   /

Date : / /

Date :   /   /

Date : / /

Date : / /

Date :   /   /

Date : / /

Date :   /   /

Date : / /

Date :   /   /

Date :   /   /

Date : / /

Date : / /

Date : / /

Date :   /   /

Date : / /

Date : / /

Date : / /

Date :   /   /

Date : / /

Date :   /   /

Date :   /   /

Date : / /

Date : / /

Date : / /

Date : / /

Date :   /   /

Date : / /

Date :   /   /

Date :   /   /

Date :   /   /

Date : / /

Date : / /

Date :   /   /

Date :   /   /

Date : / /

Date : / /

Made in the USA
Las Vegas, NV
08 December 2024

13659289R00057